B
1
E
2
C

Un personnage de Thierry Courtin

Loi n°49-956 du 16 juillet 1949 sur les publications destinées
à la jeunesse, modifiée par la loi n°2011-525 du 17 mai 2011.

ISBN : 978-2-09-258092-9
Achevé d'imprimer en décembre 2017
par Legoprint, Lavis, Italie
N° d'éditeur : 10238442 - Dépôt légal : avril 2015

Le livre d'éveil de T'choupi

Thierry Courtin

Nathan

Les couleurs

T'choupi aime le bleu !

Amuse-toi à nommer tous ces objets bleus.

T'choupi aime le rouge !

Amuse-toi à nommer tous ces objets rouges.

T’choupi
aime le jaune !

Amuse-toi à nommer tous ces objets jaunes.

T'choupi aime le vert !

Amuse-toi à nommer tous ces objets verts.

T'choupi
aime le orange !

Amuse-toi à nommer tous ces objets orange.

T'choupi
aime le violet !

Amuse-toi à nommer tous ces objets violets.

Petit imagier des couleurs

Quelle est ta couleur préférée ?

3

Les chiffres

Connais-tu
cette comptine ?
Allez, chante
avec moi !

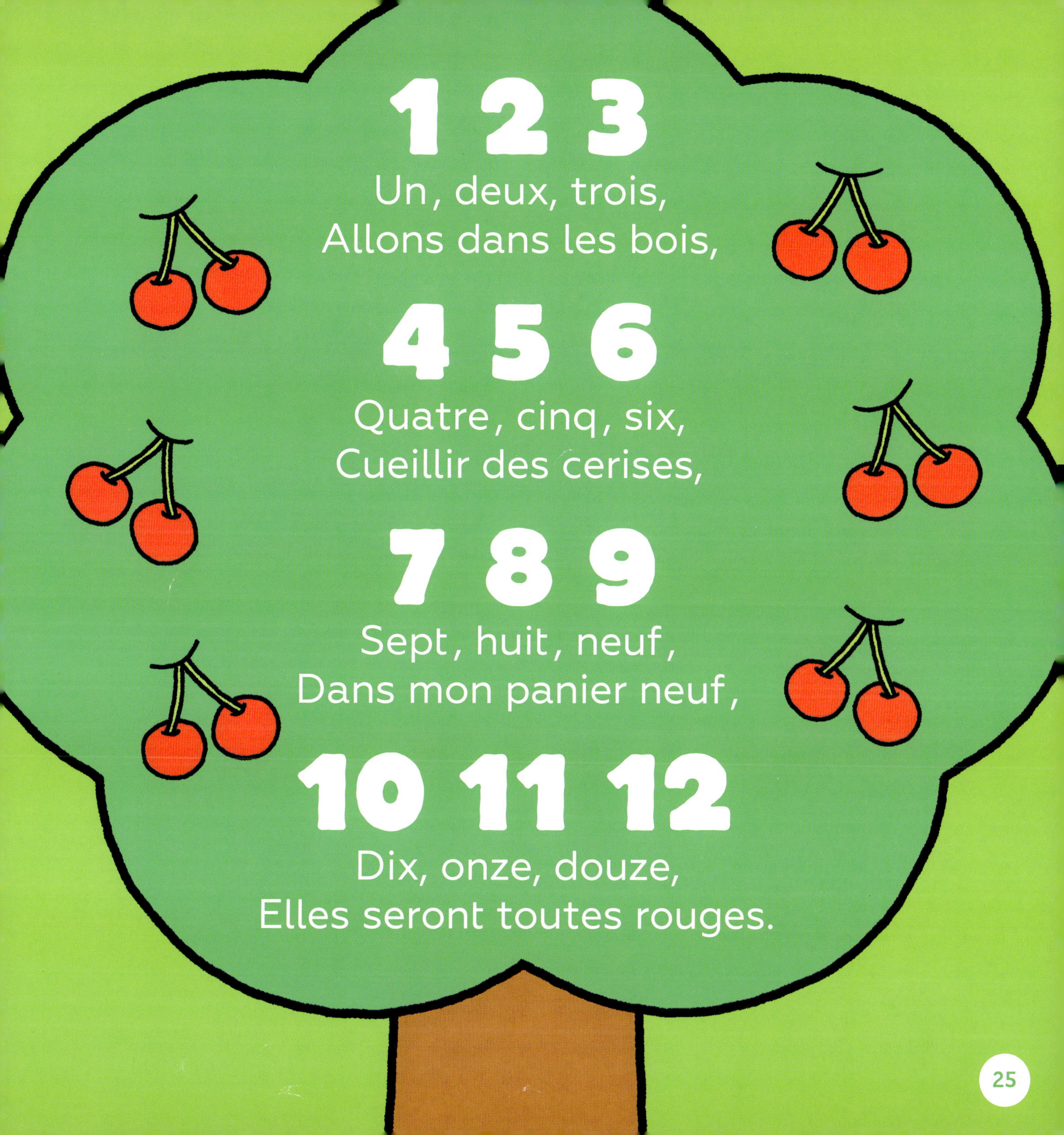

1 2 3

Un, deux, trois,
Allons dans les bois,

4 5 6

Quatre, cinq, six,
Cueillir des cerises,

7 8 9

Sept, huit, neuf,
Dans mon panier neuf,

10 11 12

Dix, onze, douze,
Elles seront toutes rouges.

1

2

T'choupi donne du lait aux petits agneaux.
Combien en vois-tu ?

T'choupi compte 3 grenouilles
dans la mare : les vois-tu ?

3

4

5

6

T'choupi court après les jolis papillons :
peux-tu vérifier qu'il y en a bien 5 ?

Aide T'choupi à retrouver
les 7 œufs de Pâques cachés dans le jardin !

7

8

9

10

1, 2, 3, 4, 5, 6, 7, 8, 9... et 10 petites fourmis !
Maintenant T'choupi sait compter jusqu'à 10.

Petit imagier des chiffres

7

8

9

10

Les lettres

A

AVION

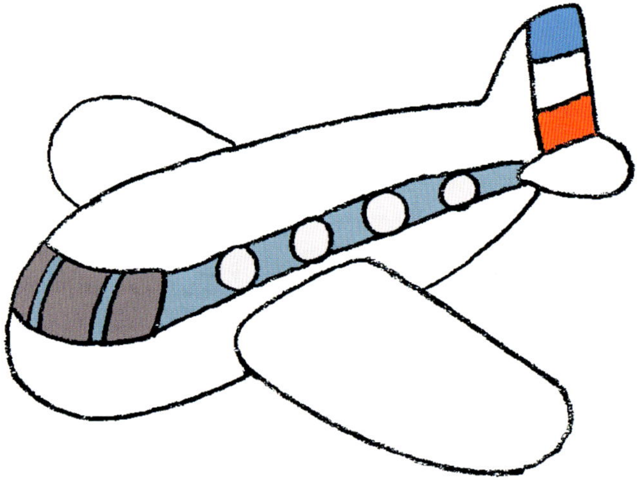

B

BANANE

C

COCHON

D

DOUDOU

E

ESCARGOT

F

FANNI

G

GÂTEAU

H

HIPPOPOTAME

I

IGLOO

J

JUS
DE FRUIT

K

KANGOUROU

L

LALOU

M

MAMAN

N

NUAGE

O

ORANGE

P

PAPA

Q

QUILLES

R

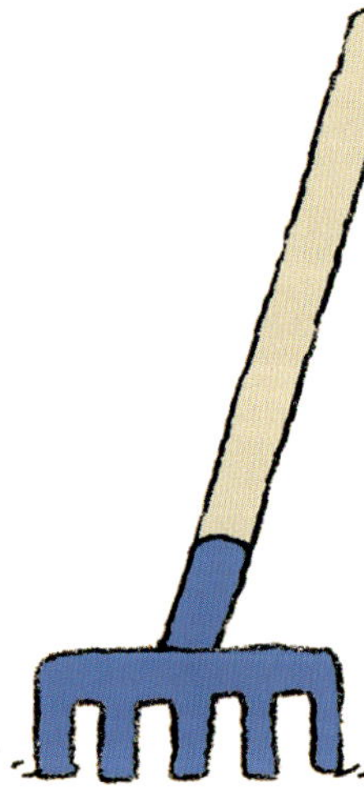

RÂTEAU

S

SOLEIL

T

T'CHOUPI

U

UNIFORME

V

VÉLO

W

WAGON

X

XYLOPHONE

Y

YAOURT

Z

ZÈBRE

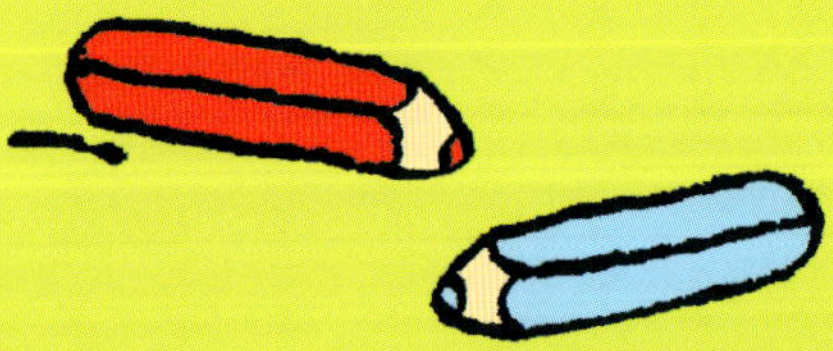

Les formes et les contraires

1, 2, 3, 4 côtés pour le carré !

Youpi,
T'choupi adore les cadeaux !

T'choupi
a un gros
ballon tout
rond.

Tourne, tourne autour du rond.

1, 2, 3 côtés… voici le triangle !

T'choupi a un joli chapeau pointu, turlututu.

Découvre les contraires avec T'choupi !

grand

petit

dessus

dessous

plein

vide

froid

chaud

content

triste

jour

nuit

debout

couché

propre

sale

1
A
D
3